**Darina Köhler**

# Modellierung eines Adoptionsprozesses

## Vorgang einer Adoption - inkl. Modell

GRIN Verlag

**Bibliografische Information der Deutschen Nationalbibliothek:**

Die Deutsche Bibliothek verzeichnet diese Publikation in der Deutschen National-
bibliografie; detaillierte bibliografische Daten sind im Internet über http://dnb.d-
nb.de/ abrufbar.

**Impressum:**

Copyright © 2010 GRIN Verlag GmbH
Druck und Bindung: Books on Demand GmbH, Norderstedt Germany
ISBN: 978-3-656-20586-9

**Dieses Buch bei GRIN:**

http://www.grin.com/de/e-book/194784/modellierung-eines-adoptionsprozesses

**GRIN - Your knowledge has value**

Der GRIN Verlag publiziert seit 1998 wissenschaftliche Arbeiten von Studenten, Hochschullehrern und anderen Akademikern als eBook und gedrucktes Buch. Die Verlagswebsite www.grin.com ist die ideale Plattform zur Veröffentlichung von Hausarbeiten, Abschlussarbeiten, wissenschaftlichen Aufsätzen, Dissertationen und Fachbüchern.

**Besuchen Sie uns im Internet:**

http://www.grin.com/

http://www.facebook.com/grincom

http://www.twitter.com/grin_com

# Inhaltsverzeichnis

# Einleitung

Im folgenden Dokument wird der Ablauf einer Adoption beschrieben und modelliert.

Zunächst wir der Ablauf textuell erläutert und im Anschluss daran als Modell dargestellt. Diese Reihenfolge soll hervorheben, dass ein komplexer Verwaltungsvorgang „vereinfacht" dargestellt werden kann.

Als Modellierungswerkzeug wurde zunächst „ARIS Express" verwendet, da mit jenem Programm der komplexe Vorgang übersichtlich dargestellt werden kann.

Allerdings ergaben sich beim exportieren des Modells in ein Word Dokument Probleme, so dass der bereits in ARIS modellierte Prozess mit Hilfe der in Word zur Verfügung stehenden Symbole nachgebildet wurde. Jener Prozess ist äußerst lang und geht über mehrere Seiten, was die Übersichtlich- und Verständlichkeit beeinträchtigt. Aus diesem Grunde stelle ich den Prozess als PDF-Datei zur Verfügung, um ihn auf diese Weise verständlicher erscheinen zu lassen. Der Vollständigkeit halber habe ich das seitenlange Modell jedoch trotzdem in dieses Word Dokument eingefügt.

Eine Legende des Modells ist jenem beigefügt, in der die einzelnen Formen und Farben zum Verständnis beitragend erläutert werden.


Weiterhin enthält das Dokument eine kritische Auseinandersetzung mit meiner Arbeits- bzw. Vorgehensweise und der gewählten Modellierungsmethode. Dazu werden vorab die verschiedenen Methoden dargelegt und anschließend erörtert, aus welchem Grund ich mich für die erweiterte Ereignisgesteuerte Prozesskette entschieden habe.


Letztlich ist noch anzumerken, dass die Operatoren nicht direkt an die Objekte angeschlossen werden dürften, sondern eine Kante die Verbindungsstelle darstellen müsste. Allerdings stellte ich diesen Fehler erst im Nachhinein fest, so dass es mir nicht mehr möglich war diesen Fehler zu beheben, da sich ansonsten der gesamte Prozess verschoben hätte. In der beigefügten PDF-Datei änderte ich diesen Fehler jedoch.

# Der Adoptionsvorgang

## 1. Textuelle Beschreibung des Adoptionsprozesses

Zunächst muss sich das Paar, das ein Kind zu adoptieren beabsichtigt, darüber im Klaren sein, ob eine Adoption für sie überhaupt in Frage kommt.

Bestehen Bedenken, so sollte man Familie, Freunde oder Verwandte in das Vorhaben mit einbeziehen und ausführlich über eine mögliche Adoption diskutieren. So können gegebenenfalls die Bedenken beseitigt oder aber von dem Wunsch einer Adoption abgeraten werden.

Besteht nun endgültig Klarheit über den Kinderwunsch mittels Adoption, muss sich das Paar an die Adoptionsvermittlungsstelle des örtlichen Jugendamtes wenden. Dort wird ein Informationsgespräch vereinbart. Nach diesem Gespräch verschafft sich der Adoptionsvermittler den ersten Eindruck über das Paar, das ein Kind adoptieren will. Außerdem hat das Elternpaar nun alle Informationen erhalten und kann sich ausgiebig damit befassen. Dabei kann es jedoch vorkommen, dass der Wunsch einer Adoption verworfen wird, da man gegebenenfalls neue Informationen erhalten hat, die einem eine Adoption unmöglich machen (beispielsweise Kosten). Allerdings kann dieses Gespräch den Kinderwunsch durch Adoption auch verstärken, indem zum Beispiel Unklarheiten oder Ängste durch das Informationsgespräch beseitigt werden konnten.

Besteht weiterhin der Wunsch ein Kind zu adoptieren, müssen notwendige Adoptionsunterlagen ausgefüllt und alle weiteren Unterlagen beschafft werden.

Ist dies erledigt, stellt die Adoptionsvermittlungsstelle eine allgemeine Eignung zur Aufnahme eines Adoptivkindes fest. Daraufhin ist das Paar offiziell „Bewerber für ein Adoptivkind". Enthalten die vorgelegten Unterlagen bestimmte Voraussetzungen nicht, wie zum Beispiel, kein Eintrag im polizeilichen Führungszeugnis oder ein Gesundheitsattest, so wird eine Eignung zur Aufnahme eines Adoptivkindes abgelehnt, womit eine Adoption für dieses Paar ausgeschlossen ist.

Den Bewerbern stehen nun die Möglichkeiten offen, darauf zu warten, ob sich die Adoptionsvermittlungsstelle an sie wendet, um ein Kind zu adoptieren und/oder selber eine Bewerbung an die auswärtige Adoptionsvermittlungsorganisation zu schreiben. Ferner können die Bewerber in dieser Zeit ein „Bewerberseminar" besuchen, in dem sie auf ihre zukünftige Aufgabe als Adoptiveltern hinlänglich vorbereitet werden.

Im Anschluss daran fragt die Adoptionsvermittlungsstelle bei dem jeweiligen Paar an, ob sie ein bestimmtes Kind adoptieren möchten.

Besteht der Wunsch ein bestimmtes Kind zu adoptieren (beispielweise ein Nachbarkind, welches in schlechten Verhältnissen aufwächst und die zukünftigen Eltern es durch die

Adoption aus jenen „retten" möchten), wird zunächst geprüft, ob für dieses Kind eine Einwilligung zur Adoption (z.B. der leiblichen Eltern) vorliegt. Besteht eine solche Einwilligung nicht, so kann dieses Kind nicht adoptiert werden. Das Paar hat nun die Möglichkeit, von seinem bestimmten Kinderwunsch zurückzutreten und sich ein Kind von der Vermittlungsstelle zuweisen zu lassen oder die Adoption generell zu verwerfen, da für sie nur genau dieses Kind als Adoptivkind in Frage kam.

Liegt eine Einwilligung zur Adoption vor, so besteht die Möglichkeit dieses Kind zu adoptieren.

Besteht von Anfang an kein Wunsch für ein bestimmtes Kind, so wird dem Paar ein Kind, welches möglicherweise, nach den Ansichten der Vermittlungsstelle, zu der Familie passen könnte, zugewiesen.

Auf die letzten beiden Fälle (Einwilligung liegt vor, Kind wird zugewiesen) folgt die Kennenlernphase.

Fällt jene negativ für die Eltern, das Jugendamt oder aber das Kind (soweit es seinen Willen bereits äußern kann) aus, können die Eltern gegebenenfalls eine erneute Zuweisung eines Kindes beantragen oder ganz von einer Adoption absehen. Wird ihnen ein anderes Kind zugewiesen, beginnt erneut die Kennenlernphase.

Fällt jene positiv für die Eltern, das Jugendamt oder das Kind aus, können sich die Eltern zur Aufnahme des Kindes entscheiden.

Die Vermittlungsstelle erteilt dann die Erlaubnis zur Aufnahme des Kindes.

Im Anschluss daran kommt das Kind in die Familie. Ab diesem Zeitpunkt beginnt die Adoptionspflege, welche ein Jahr dauert.

Ist dieses Jahr vorbei und verlief negativ, so wird der Vorgang der Adoption entweder abgebrochen oder beginnt erneut mit der Zuweisung eines anderen Kindes.

Verlief es jedoch positiv von beiden Seiten (Eltern und Jugendamt/Kind), können die Eltern einen Aufnahmeantrag zur Annahme des Kindes bei einem Notar stellen.

Der Notar schickt daraufhin den Antrag zum zuständigen Vormundschaftsgericht und die Adoptionsvermittlungsstelle gibt eine Stellungnahme zur geplanten Adoption bei dem Selbigen ab.

Das Gericht beschließt dann entweder das Ende der Adoptivpflege und erklärt damit die rechtliche Aufnahme des Kindes oder aber verwehrt die Adoption aus bestimmten Gründen.

Wird der Adoption nicht statt gegeben, so müssen dem Gericht erhebliche Einwände gegen die Adoption vorliegen, welche es dem Elternpaar nicht mehr möglich machen, ein Kind zu adoptieren. (Beispielsweise eine Verurteilung während des Adoptionsprozesses etc.)

Wird die Adoption rechtlich zugelassen, so ist das Paar nun ein Adoptivelternpaar.[1]

---

[1] http://www.rechtspraxis.de/adoption.html; „Adoptionsverfahren"; letzter Aufruf der Seite: 28.05.10 um 12:19 Uhr

## 2. Der Adoptionsvorgang als Modell

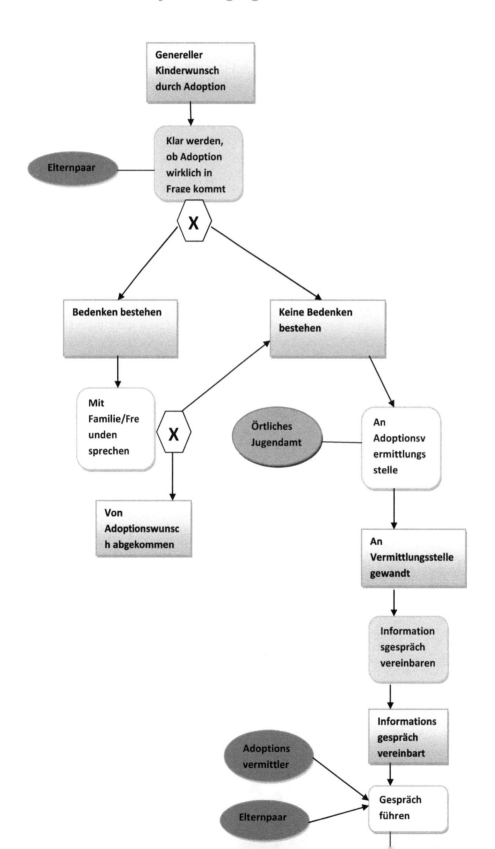

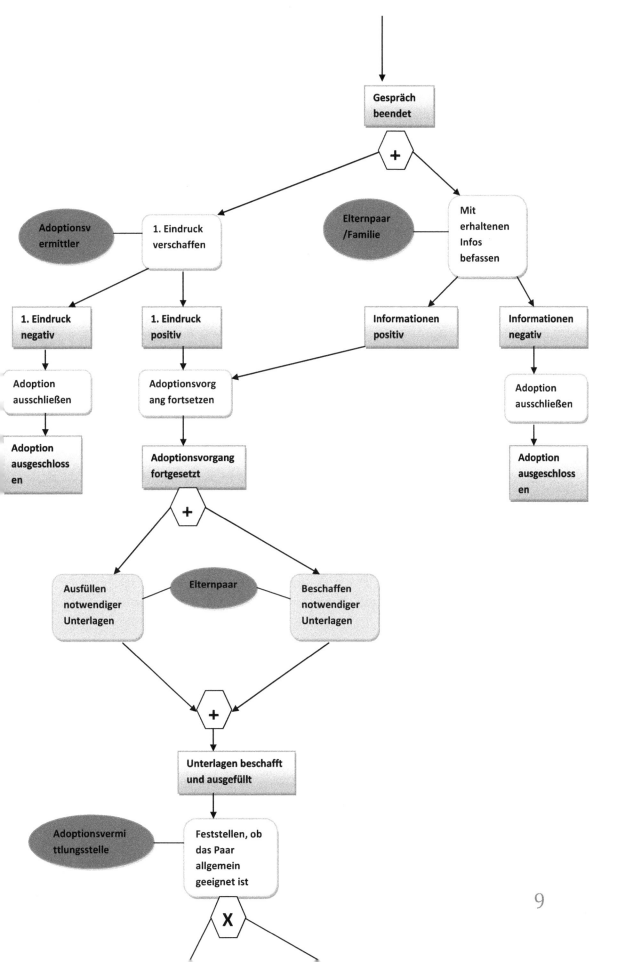

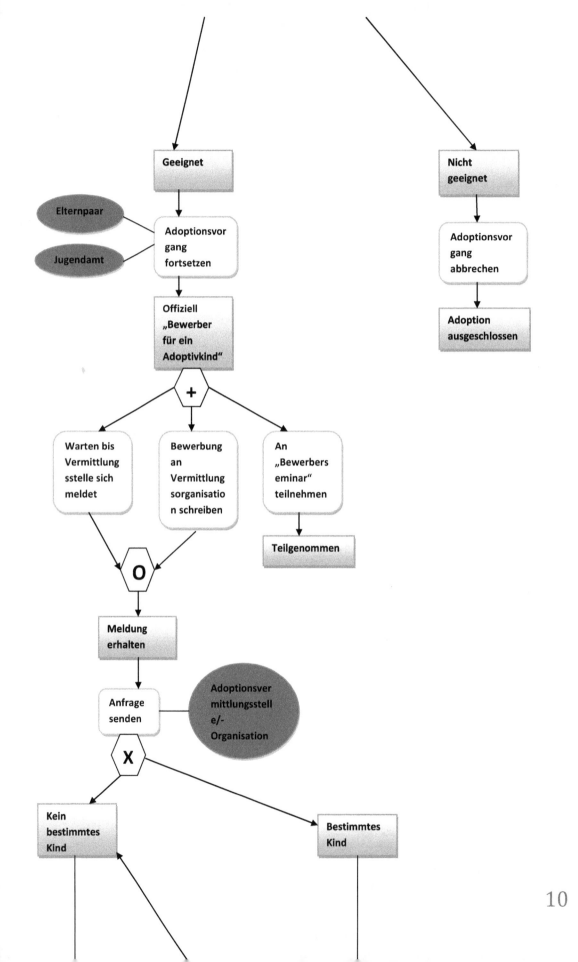

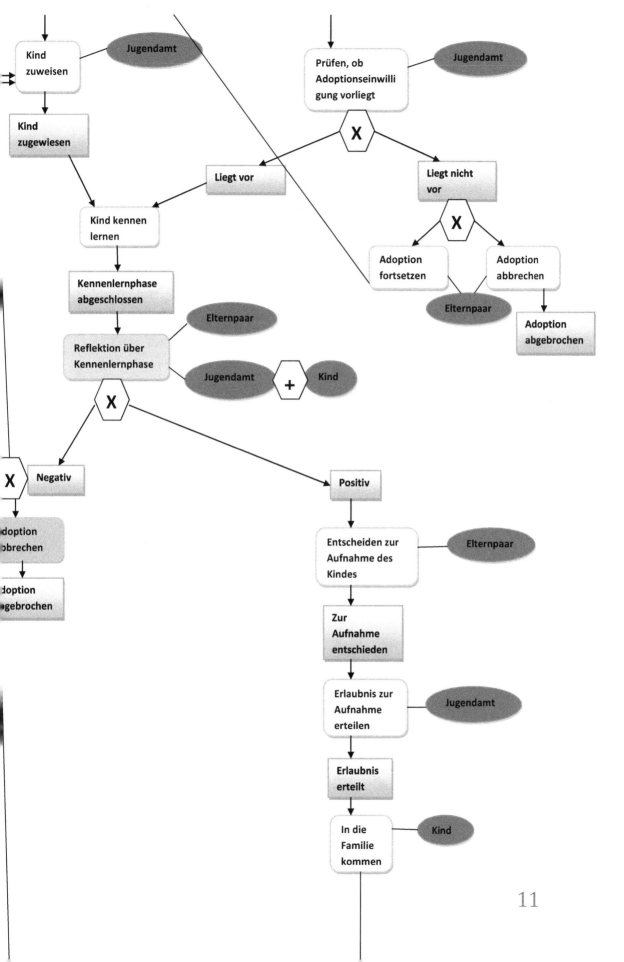

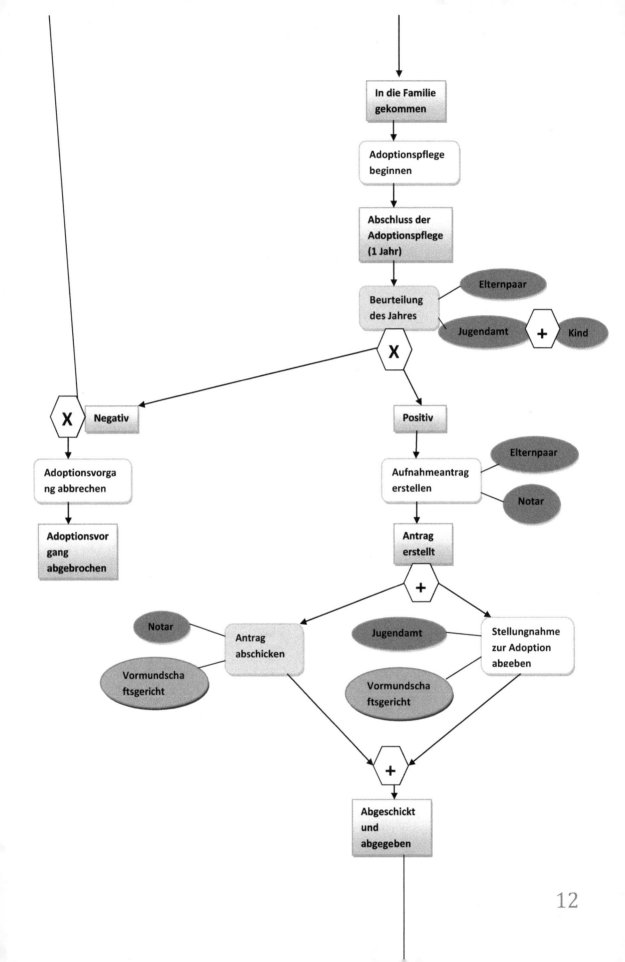

In die Familie
gekommen

Adoptionspflege
beginnen

Abschluss der
Adoptionspflege
(1 Jahr)

Beurteilung
des Jahres

Elternpaar

Jugendamt + Kind

X

Negativ

Positiv

Adoptionsvorga
ng abbrechen

Aufnahmeantrag
erstellen

Elternpaar

Notar

Adoptionsvor
gang
abgebrochen

Antrag
erstellt

+

Notar

Antrag
abschicken

Jugendamt

Stellungnahme
zur Adoption
abgeben

Vormundscha
ftsgericht

Vormundscha
ftsgericht

+

Abgeschickt
und
abgegeben

12

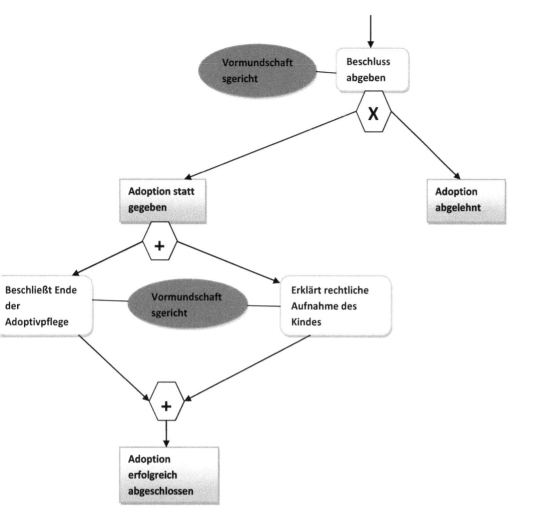

## 2.1 Legende

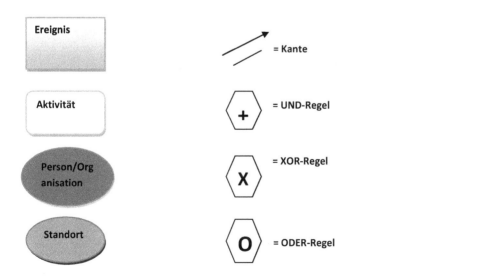

# Kritik

Nachdem der Prozess der Adoption textuell und als Modell dargestellt wurde, stellt sich die Frage, ob jener verbesserungswürdig ist.

Man kann bereits am Umfang der vorherigen Arbeit erkennen, dass der Adoptionsprozess sehr komplex und umfassend ist. Vom Kindeswunsch bis hin zum erfolgreichen Abschluss der Adoption ist eine Menge an Verwaltungsarbeit zu leisten. Dies nimmt viel Zeit in Anspruch, so dass dieser Prozess sich meist über Jahre erstreckt.

Da es sich jedoch in diesem Fall hauptsächlich um das Wohl eines Kindes handelt, ist es durchaus angebracht, dass zahlreiche Prüfungen (Verwaltungshandlungen) durchzuführen sind. Die zukünftigen Adoptiveltern müssen viele Formulare ausfüllen, sich zahlreichen Gesprächen und „Kontrollen" unterziehen, was jene selbstverständlich viel Zeit, Arbeit und Kraft kostet. Allerdings wäre es fahrlässig, wenn nicht sogar gefährlich, wenn die Verwaltung diese „Sicherheitsmaßnahmen" nicht ausführen würde. So wäre nicht für eine gesicherte und gute Zukunft des Adoptivkindes Rechnung getragen.

Dementsprechend sind in diesem Fall die Komplexität, die Dauer und der Umfang des Verwaltungsprozesses als positiv zu bewerten. Bei einer Adoption haben diese Komponenten keine hindernde Wirkung, sie tragen zu dem Wohl des Kindes bei.

# Reflektion über die gewählte Arbeitsmethode

### 1. Ereignisgesteuerte Prozesskette (EPK)

Die ereignisgesteuerte Prozesskette ist eine grafische Modellierungssprache zur Darstellung von Geschäftsprozessen einer Organisation bei der Geschäftsprozessmodellierung.[2]

Die EPK hat den Vorteil, dass sich parallele, standardisierte Abläufe und Rückschleifen besonders gut darstellen lassen.

---

[2] http://de.wikipedia.org/wiki/Ereignisgesteuerte_Prozesskette; Letzter Aufruf der Seite: 28.5.10 um 18.30 Uhr

Allerdings können mit der EPK keine zusätzlichen Informationen, wie beispielsweise Personen oder Organisationseinheiten, angezeigt werden.

## 2. Erweiterte ereignisgesteuerte Prozesskette (eEPK)

Die erweiterte ereignisgesteuerte Prozesskette stellt eine Ergänzung der ereignisgesteuerten Prozesskette dar. Aktivitäten können durch zusätzliche Komponenten, wie beispielsweise Personen, Rollen, Organisationseinheiten, Standorte oder Daten, vervollständigt werden.

Diese Methode ermöglicht es, parallele Prozesse durch Zusatzinformationen instruktiv darzustellen.

## 3. Business Process Modeling Notation (BPMN)

Die BPMN ist eine grafische Spezifikationssprache in der Wirtschaftsinformatik. Sie stellt Symbole zur Verfügung, mit denen Fach- und Informatikspezialisten Geschäftsprozesse und Arbeitsabläufe modellieren und dokumentieren können.[3]

Die Modellierungsnotation für Geschäftsprozesse lässt sich mit der ereignisgesteuerten Prozesskette vergleichen. Allerdings stellt die BPMN eine Anzahl an umfangreicheren Symbolen zur Verfügung, so dass die Modellierung komplizierter ist als bei der EPK.

Dadurch ist die BPMN jedoch deutlich gehaltvoller als die EPK.

## 4. Vorgangskettendiagramm (VKD)

Das Vorgangskettendiagramm ist ein Modell zur Darstellung von Geschäftsprozessen einer Organisation bei der Geschäftsprozessmodellierung. Es findet hauptsächlich bei der detaillierten Darstellung von Geschäftsprozessen Anwendung, wo es einen Arbeitsablauf näher beschreibt.[4]

Das VKD ist mit der erweiterten ereignisgesteuerten Prozesskette zu vergleichen. Jedoch werden bei dem VKD die Aktivitäten, Ereignisse und Erweiterungen spaltenweise aufgeführt. Dies hat den Nachteil gegenüber der eEPK, dass z.B. bei Rückkopplungen keine freie Platzierung der Elemente auf der gegebenen Fläche möglich ist.

---

[3] http://de.wikipedia.org/wiki/Business_Process_Modeling_Notation; Letzter Aufruf der Seite: 28.5.10 um 18:47 Uhr
[4] http://de.wikipedia.org/wiki/Vorgangskettendiagramm; Letzter Aufruf der Seite: 28.5.10 um 18:56 Uhr

Allerdings hat die spaltenweise Aufführung der Elemente den Vorteil, dass beispielsweise ein Wechsel der Organisationseinheit sofort zu erkennen ist.

## 5. Fazit

Zu Beginn des Projekts zeichnete ich zunächst den Adoptionsprozess, anhand der recherchierten Informationen, frei Hand auf zwei Zeichenblockblätter.

Dabei verwendete ich noch keine spezielle Modellierungsmethode, sondern zeichnete so, dass der Vorgang verständlich und möglichst übersichtlich erscheint.

Im Anschluss daran erschien mir die ereignisgesteuerte Prozesskette als die plausibelste Lösung, da meine erste Zeichnung bereits jener ähnelte.

Allerdings entschied ich mich bei dem nächsten Modellierungsversuch mit „ARIS" für die erweiterte Ereignisgesteuerte Prozesskette, da der Vorgang Elemente wie z.B. „Organisationseinheiten" beinhaltet.

Diese Modellierungsmethode behielt ich dann bei, da der Prozess einer Adoption viele parallele und standardisierte Abläufe aufweist und jene sich mit dieser Methode am überschaubarsten darstellen lassen.

Nachdem ich den Prozess mit „ARIS" modelliert hatte, stellte ich einen Verknüpfungsfehler am Anfang der Kette fest. Dies führte dazu, dass der restliche Ablauf ebenfalls falsch verknüpft wurde. Demnach musste das ganze Modell neu erstellt werden. Solch einen Fehler zu beheben wäre z.B. bei dem VKD ein weniger großes Problem gewesen, da das Modell durch die Aufteilung in Spalten übersichtlicher erscheint und man wahrscheinlich eher auf den Fehler gestoßen wäre.

Das nächste Problem, was sich mir stellte, war es, das fertige Modell in das Word Dokument einzufügen. Entweder wurde es viel zu klein oder unvollständig dargestellt. Zwar lässt sich der Prozess in eine Pdf-Datei umschreiben, jedoch nicht als zu erkennende Grafik in ein Word Dokument einfügen.

Folglich stellte ich in Microsoft Word das bereits angefertigte Modell mit den mir zur Verfügung stehenden Symbolen nach. Dies nahm ungefähr zwei Stunden Arbeitsaufwand in Anspruch. Während der vierten Modellierung stieß ich auf kleinere Fehler, die ich so leicht ausbessern konnte.

Jedoch geht der Prozess ausgedruckt über mehrere Seiten und ist damit relativ unübersichtlich. Verständlicher und leichter zu erfassen ist er als Pdf-Datei und auf dem PC.

Insgesamt lässt sich sagen, dass meine Vorgehensweise recht gut funktioniert hat, jedoch mit ein bisschen mehr Erfahrung auf dem Gebiet wesentlich schneller und unkomplizierter verlaufen wäre.

www.ingramcontent.com/pod-product-compliance
Lightning Source LLC
LaVergne TN
LVHW080120070326
832902LV00015B/2691